AF488950

De sueños azules y contrasueños

Texto compuesto en tipografía *Palatino 11/14*

Se terminó de imprimir esta
SÉPTIMA EDICIÓN,
en los talleres de Editora e Imprenta Maval Spa.,
Rivas 530, San Joaquín, Santiago de Chile,
en diciembre de 2018.

DIAGRAMACIÓN
Yenny Isla Rodríguez
Norma Díaz San Martín

w w w . u n i v e r s i t a r i a . c l

Elicura Chihuailaf

De sueños azules y contrasueños

EDITORIAL UNIVERSITARIA

A mis abuelos Malle y Papay
Toribio y Pascuala
a mi hermano Carlitos
y a mi Beti Rayén
en el País Azul

A mis padres Carlos y Laura
A Rayén, Amérika y Arawko
A mis Gonzalo Elikura, Gabriela Millaray
Claudia Tamuré, Laura Malen y Beti
A mis amigas, a mis amigos
A mi gente

ÍNDICE

Chaltumay
Taiñ wenviyewvn mu
ka ñi kellumufiel
Taiñ vl
tvfachi ayvn
taiñ neyen

Gracias
Por la amistad
la solidaridad
La música
el amor
el aire

Kallfv Pewma mew

Sueño Azul

Kañpvle miyawmen: Ñamlu
iñche, gvnuyawvn
Kiñe am chumgechi rume
pelontuam ta eymi
Fvtra kura ka lil inaenew
welu ta wiñon ka ayvwvngey
tami rayen
Ñuke, chew amuay ta ñi
pu we Pewma?

Lejos anduve: Perdido, llorando
Un alma en todo caso
alumbrado de ti
Riscos y barrancos
me persiguieron
pero he vuelto y me alegran
tus flores
Madre ¿adónde irán mis
nuevos Sueños?

MACHILUWVN PEWMA

Ñi Pewma kechilewetuy
newen mogeley ka nvlañmakeetew
wvlgiñ tañi pvllv
Ñi kvrvf tvfachi zugun
ti Kallfv nvnieymaenew ñi vl.

INICIACIÓN

Mi Sueño se ha convertido
en la energía que vive y abre
las puertas de mi alma
Su aire estas palabras
el Azul que su canto sostiene.

ÑI PU LAKU PEWMA

Rupalmi mogen mew
kvzawnofilmi ti wenviyewvn
   mapu ñi pu rayen:
Re rupaymi.

EN EL SUEÑO DE MIS ABUELOS

Si pasas por la vida
y no cultivas el jardín
    de la amistad:
Pasas en vano.

KALLFV PEWMA MEW

Ñi Kallfv ruka mu choyvn ka ñi
    tremvn wigkul mew mvley
wallpaley walle mu, kiñe sause
kamapu aliwen
kiñe pukem chi choz aliwen rvmel
tripantv mu kiñe antv allwe kochv
    ulmo reke
ka tuwaymanefi chillko ta
    pu pinza
rvf chi kam am trokiwiyiñ, kiñe
    rupa kvnu mekey!
Pukem wamfiñ ñi tranvn ti pu
koyam ti llvfkeñ mew
    wvzam tripalu
Zum zum nar chi antv mu
tripakiyiñ, pu mawvn mu
ka millakelv nar chi tromv mu
yeme ketuyiñ ufisha
–kiñeke mu gvmañpekefiñ

SUEÑO AZUL

La casa Azul en que nací está
    situada en una colina
rodeada de hualles, un sauce
nogales, castaños
un aromo primaveral en invierno
–un sol con dulzor a miel de ulmos–
chilcos rodeados a su vez de picaflores
que no sabíamos si eran realidad
    o visión: ¡tan efímeros!
En invierno sentimos caer los robles
    partidos por los rayos
En los atardeceres salimos, bajo la lluvia
    o los arreboles
a buscar las ovejas
–a veces tuvimos que llorar
la muerte de algunas de ellas

ka kura ñi nvtramkaken ta kulliñ
    lan mu egvn
weyel kvlerpun mu pu ko egvn–

Pun fey allkvtukeyiñ vl, epew
    ka fill ramtun
inal kvtral mew
neyentu nefiyiñ ti nvmvn kvtral
kofke ñi kuku
ka ñi ñuke ka ñi palu Maria
welu ni chaw egu tañi laku egu
    –Logko lechi lof mew–
welu kvme az zuwam pukintu keygu
Pichikonagen chi zugu nvtram
kaken welu ayekan chi pu
    kom zugu no
Welu fey mu kvme kimlu ti vlkantu
    trokiwvn
Fillantv pvram niel chi mogen
    welu pichike inakan zugu no
wilvf tripachi kvtral, pu ge mu
    pu kvwv mu

Luku mu metanieenew ñi kuku
allkvken wvne ti kuyfike

navegando sobre las aguas–

Por las noches oímos los cantos
cuentos y adivinanzas
a orillas del fogón
respirando el aroma del pan
    horneado por mi abuela
    mi madre o la tía María
mientras mi padre y mi abuelo
–Lonko de la comunidad–
observaban con atención y respeto
Hablo de la memoria de mi niñez
y no de una sociedad idílica
Allí, me parece, aprendí lo que
    era la poesía
Las grandezas de la vida
    cotidiana
pero sobre todo sus detalles
el destello del fuego, de los
ojos, de las manos

Sentado en las rodillas de mi
abuela oí las primeras

zugu tati aliwen egu
ka kura ñi nvtramkaken ta
kulliñ ka ta che egu
Fey kamvten, pikeenew, kimafimi
ñi chum kvnvwken egvn
ka allkvam ti wirarchi zugu allwe
ellkawvn mu kvrvf mew
Ñi ñuke reke wvla, kisu
ñvkvfkvlekey che mu rume
pekan llazkvkelay
Fey pekefiñ ñi wall trekayuwken
tuwaykvmekey ñi kuliw
poftun mu ti lvg kalifisa
Feyti fvw fey kvme pun ga
witralkvley kvme ñimiñ
zewkvlerpuy

Ñi pu peñi ka ñi pu lamgen –zoy
kiñe rupan mew– upa kimfuiñ
    feyti ñiminkvzaw
welu weza tripan
Welu lonkotukufiñ ñi kimvn fcyti
    ñiminkvzaw
fey zuguley ñi chumgechi ñi ta
    pu mapuche

historias de árboles
y piedras que dialogan entre sí
con los animales y con la gente
Nada más, me decía, hay que
      aprender a interpretar
      sus signos
y a percibir sus sonidos
que suelen esconderse
      en el viento
Tal como mi madre ahora, ella
      era silenciosa y tenía una
      paciencia a toda prueba
Solía verla caminar de un lugar
      a otro
haciendo girar el huso
retorciendo la blancura
      de la lana
Hilos que, en el telar de las
      noches, se iban convirtiendo
      en hermosos tejidos

Como mis hermanos y hermanas
      –más de una vez– intenté aprender
      ese arte, sin éxito

ti afkintu newen, ti zeqvñ mew
    ti rayen ka vñvm egvn

Ka tañi laku iñchiw ñoñmen
tuwkiyu kalechi pun mew
Pvtrvkeñma ñvkvf narvn
    fvtra nvtram
ñi chumgechi ñi wefvn taiñ
    pu Kuyfikeche feyti
Wvne mapuche Pvllv vtrvf
    narpalu Kallfv mew
Feyti pu wenu am pvltrv lefulu
ti afchi wenu kvrvf mew
    wagvlen reke
Kimel eyiñ mu ta wenu rvpv, ñi
    pu lewfv ka ñi pewma
Kiñe pewv pekefiñ ñi pilun yenen
rayen ka ñi wente ekull mew
mulugechi pu liwen triltra
    namuntu yawvn
Ka tukulpakefiñ kawelltu yawvn
mu ragi mawvn mew, ka fvtrake
mawizantu ragiñ kom kvleche
    pukem

Pero guardé en mi memoria el
contenido de los dibujos
que hablaban de la creación
y resurgimiento del mundo mapuche
de fuerzas protectoras, de
    volcanes, de flores y aves

También con mi abuelo
compartimos muchas noches
    a la intemperie
Largos silencios, largos relatos
    que nos hablaban del origen
    de la gente nuestra
del Primer Espíritu mapuche
arrojado desde el Azul
De las almas que colgaban
    en el infinito
    como estrellas
Nos enseñaba los caminos del
    cielo, sus ríos, sus señales
Cada primavera lo veía portando
    flores en sus orejas
y en la solapa de su vestón
o caminando descalzo sobre

Allwe trogli ka newen che gekefuy

Nampiawvn ragiñtu ko new
    mawizantu
ka tromv egu
pekefiñ rupan ta kakerumen
    antv tripantv:
Wvtre alof Kvyen (pukem)
karv pewv Kvyen (pewvn)
wvne fvnkun anvmka Kvyen
(afchi pewv mu ka epe konpachi
    walvg mu)
fillem fvnkun anvmka Kvyen
    mew (walug)
ka welu trvfkenvwchi choyvn
    Kvyen (rimv)

Tripan ta ñi chaw ka ñi ñuke
inchiñ kintuam lawen ka
    pvke lawen
Koleu pvtra mu kon pelu, waka
lawen weñagkvn mu kon pelu
palgin kay fukuñ kon pelu ka
allfen mu kon pelu
zenkull kuyagki kon pelu –fey

el rocío de la mañana
También lo recuerdo cabalgando
bajo la lluvia torrencial
de un invierno entre bosques
     enormes
Era un hombre delgado y firme

Vagando entre riachuelos
bosques y nubes, veo pasar
     las estaciones:
Brotes de Luna fría (invierno)
Luna del verdor (primavera)
Luna de los primeros frutos
     (fin de la primavera
     y comienzo del verano)
Luna de los frutos abundantes
     (verano)
y Luna de los brotes cenicientos
     (otoño)

Salgo con mi madre y mi padre
     a buscar remedios y hongos
La menta para el estómago
el toronjil para la pena

pilerpuy ñi ñuke
Purukeygvn, purukeygvn, tati pu
lawen ta mawizantu mu
    –ka pirpuy kisu ñi chaw
femlerpuy witrañ pvramnlu reke
ti lawen iñche ñi kvwv mew
Femgechi mu kimfiñ ñi vy ti
fillem lawen ka fillem anvmka
Feyti pichike piru mvley ñi
    femal egvn
Chem rume zoykvlelay tvfachi
    mapu mew
Fey tvfachi afmapun epun
    trokiñkvley
kvmekelu ta mvley wezakeñma egu
    ta mvleam
Che ta rumel mogen Mapu gelay
Mapuche fey piley Mapu mu
tripachi che piley –pinerpuenew

Rimv mu ta wilvfi ta witrunko
Feyti ko ñi pvllv negvm mekey

el matico para el hígado y para
    las heridas
el coralillo para los riñones
–iba diciendo ella
Bailan, bailan, los remedios
    de la montaña –agregaba él
haciendo que levantara las
    hierbas entre mis manos
Aprendo entonces los nombres de
las flores y de las plantas
Los insectos cumplen su función
Nada está de más en este mundo
El universo es una dualidad
lo bueno no existe sin lo malo
La Tierra no pertenece a la gente
Mapuche significa Gente de la
Tierra –me iban diciendo

En el otoño los esteros
    comenzaban a brillar
El espíritu del agua moviéndose
sobre el lecho pedregoso
el agua emergiendo desde los ojos
    de la Tierra

wente kachu kuragechi ko mew
feyti ko ge Mapu mu weftripa
    mekey
Fill tripantv lef pvraken ti
mawizantu mu pemeam ti azel
ka Mapu lechi chemkvn ñi
    trawvn mew
Fey ka akuketuy ti pukem mogeltu
Mapu petulu
ñi wiñotuam ta weke Pewma
    ka tukatuam
Kiñeke mu tati weraw kimel
vrpakeyiñ mu ta kutran ka lan
Weñagkvken ta ñi rakizwamvn mu ñi
ayin Fvchakeche mu
amualemay rvpvtupeaymay inal
    Lewfv Kvlleñu mu
gvtrvm am tati wampofe la
    yerpapelu
tañi pewputuam ñi Kuyfikeche egu
ñi ayiw am ti Kallfv Wenu
    Mapu mew
Kiñe pu liwen amurumey ñi pichi
    peñi Karlu

Cada año corría yo a la montaña
para asistir a la maravillosa
    ceremonia de la naturaleza
Luego llegaba el invierno
    a purificar la Tierra
para el inicio de los nuevos
    Sueños y sembrados
A veces los guairaos pasaban
anunciándonos la enfermedad
    o la muerte
Sufría yo pensando que alguno
    de los Mayores que amaba
tendría que encaminarse hacia las
    orillas del Río de las Lágrimas
a llamar al balsero de la muerte
para ir a encontrarse con los
    Antepasados
y alegrarse en el País Azul
Una madrugada partió mi hermano
    Carlitos
Lloviznaba, era un día ceniciento
Salí a perderme en los bosques
    de la imaginación

Fvrfvrkvley, kagechi trufken
    antvgey
Tripan ñi ñampuam rakizwam mew ragiñ
mawizantu mu (petufemyawen
    fey mu)
Witrunko zugun rofvl mekeyiñ mu
    tati rimv antv mu

Fachantv fey pifiñ tañi pu
lamgen Rayen egu ta Amerika:
feyti vlkantun zugu re kvmv neyv
am genozugu trokiwvn mvten
ñi feypieyiñ mu taiñ Jorge
    Teillier
Kawelu Wenuñamku reke wall ke
    mapu mu rulpan ñi
    weñagkvn rakizwam
Gonza kay Gabi, Kawi, Malen
    ka Beti fey pinerpufiñ egvn:
Fewla mvlen pelon Kvyen feyti
lelfvn mew, Italia mu
Gafriele Milli iñchiw mvleyu
Fewla mvlen Francia mu
ñi peñi Arawko iñchiw
Fewla mvlen Suecia mu

(en eso ando aún)
El sonido de los esteros
nos abraza en el otoño

Hoy, les digo a mis hermanas
    Rayén y América:
creo que la poesía es sólo
un respirar en paz
–como nos lo recuerda nuestro
    Jorge Teillier–
mientras como Avestruz del Cielo
por todas las tierras hago vagar
    mi pensamiento triste
Y a Gonza, Gabi, Caui, Malen
    y Beti, les voy diciendo:
Ahora estoy en el Valle de
    la Luna, en Italia
junto al poeta Gabriele Milli
Ahora estoy en Francia
junto a mi hermano Arauco
Ahora estoy en Suecia
junto a Juanito Cameron
y a Lasse Söderberg
Ahora estoy en Alemania
junto a mi querido Santos Chávez

Juanito Kameron inchiw ka Lasse
    Söderberg
Fewla mvlen Alemania mew
ñi kvme ayin wenvi Santo Chaves
    ka Doris egu
Fewla mvlen Olanda mew; Marga
Gonzalo Millan ka Jimena, Jan
ka Aafke, Kata ka Juan inchiñ

Mawvni, ta fvrfvrmawvn, chozvmi
ta kvrvf Amsterzam waria mu
Wilvfi ti witrunko waria mew
kuyfike fieru pelon mew ka
feyti lefazisu kuikui mew
Kallfv tuliparay pelu trokiwvn ka
    kiñe wigka kuzi feyti
mvpvtripakelu ka tvgnagkelu
Kvpa mvpvfuyiñ: Felepe!
chemnorume nepel layanew –piwvn
Fey yelvwvn ti tromv mew kake kim noelchi
mapu ñi piwke mew.

y a Doris
Ahora estoy en Holanda
junto a Marga, a Gonzalo Millán
    y a Jimena, Jan y Aafke
    Juan y Kata

Llueve, llovizna, amarillea
    el viento en Amsterdam
Brillan los canales
en las antiguas lámparas
    de hierro
y en los puentes levadizos
Creo ver un tulipán azul
un molino cuyas aspas giran
    y despegan
Tenemos deseos de volar:
¡Vamos!, que nada turbe
    mis sueños –me digo
Y me dejo llevar por las nubes
hacia lugares desconocidos
    por mi corazón.

PETU KVPA PEWMALEN TVFACHI MAPU MEW

Mawvn nvtrvgkvnutufi kvrvf
    ñi trarin
ka, wenu, ti fvtra vl tripay zugun
fillem ñi feypiley ñi neal choyvn
Mvlewma fentren kulliñ –pilerpuy
mawizantu, pichike lafken
    vñvm kvme zugu
Umerkvlen amun:
Iñche ñi pewi mu, kiñe fvcha
kizu vgvm ñi wiñomeal ti
    pu llampvzkeñ
ñi pichike gemun tremkvlen
    antv mew
Ramtukenueli tunten tripantv
    ñi nien pienew fey mu
    ayvwkvlean
Chumael tukulpageafuy ti genolu?

AÚN DESEO SOÑAR EN
ESTE VALLE

Las lluvias tocan las cuerdas
    de su aire
y, arriba, es el coro que lanza
    el sonido de la fertilidad
Muchos animales hubo –va diciendo
montes, lagos, aves buenas palabras
Avanzo con los ojos cerrados:
Veo, en mí, al anciano
que esperando el regreso
    de las mariposas
habita los días de su infancia
No me preguntes la edad –me dice
    y estaré contento
¿para qué pronunciar lo que
    no existe?
En la energía de la memoria
    la Tierra vive

Ñi newen tukulpan mew mogeley
    ta Mapu
ka fey mu mvley taiñ Kuyfikeche
    tañi mollfvñ
Kimaymi, kimaymi, chumgelu –feypi
petu kvpa pewmalelfun tvfachi
    Mapu mew?

y en ella la sangre de los
    Antepasados
¿Comprenderás, comprenderás
    por qué –dice
aún deseo soñar en este Valle?

NIENOLU VY TAÑI NEWEN TA IÑCHE

Pewman ta we Kvyen mew, pi
ka kvzawkefiñ ta lelfvn
Petu ñi zugu genon
ka rayen rume genon femvn
(welu zoy alv kamapu)
Tvfawla ñi pu ñawe zeumalkefiñ
lien ruka
ka kvrvf negvmvñ ma meke enew
    ñi logko
pvrakawellkvlen wente relmu
Witrunko ta iñche
Umawtulen amuley lafken
    iñche mew
ka nepey ta mawizantu
Nienolu vy tañi newen
    ta iñche, pi
tuway mane chi antv: Tami vl.

PORQUE SOY LA FUERZA
DE LO INNOMBRADO

He soñado en la Luna creciente
    –dice
y he trabajado los campos
Antes que las palabras
y que las flores fui
(y más lejos)
Para mis hijas construyo
la casa de plata
mientras con el cabello
    al viento
cabalgo sobre el arco iris
Soy el agua que corre
Dormido va el mar en mí
y despierta la montaña
Porque soy la fuerza de
    lo innombrado, dice
corona del sol: Tu canto.

LELFVN MAPU KVYEN PEWMA

Fewla mvlen kiñe Lvgkura mew
Wigkul egu ka tromv pvraygvn
petu kuze chi filu reke
Ragiñtu ko mu ka mapu mu petu
     wvzamvwlv ñi kalvl trokiwvn
Upa rakizwamlan, kamapulen
     ñi pu rayentu mapu mew
Niefiñ ti pawpawkiñ ñi tukulpan
mew (ayiwvn zugun peyvm)
Fey nvfiñ ñi kitara ka konvn
     Pewma mew
Tvgvmvn ñi chagvll kvwv ti
     winvle chi fvw mew
rvf kimlu am iñche ñi triniwal
ñi trawpeyvm ti rayen vl mew.

SUEÑO EN EL VALLE DE LA LUNA

Estoy aquí en una Piedra Blanca
Los cerros y las nubes se alzan
como si fueran serpientes
    que disputan
Entre las aguas y la tierra
    parece dividirse mi cuerpo
No deseo pensar, estoy tan lejos
    de mi jardín
Sostengo el trompe en la memoria
    (el sonido del amor)
Mas tomo la guitarra y entro
    al Sueño
Descanso mis dedos sobre
sus cuerdas tensas
pues sé que luego las sentiré
    vibrar
estremecidas por el canto
    de la floresta.

ÑI PEWMA MEW VLKANTUNMU
TI PUEL MAPU WITRUNKO

Choñv kachuwvn
gvnetulmekefiel ti mawvn
ka pvrvm wamfiñ ti pvlef
    chi mawvn
witrulu lelfvn mew
Gvforechi mu ti mawvn!
allkvtuwvn, puru purugen
    ti rayen mu
Nepeli fey ayiwkvlen witrañ
    pvramuwan
nvwkvlean feyti kvme nvmvn
    lafanza ray mu.

CUANDO EN MIS SUEÑOS CANTAN
LAS AGUAS DEL ORIENTE

Marchito pasto soy
haciendo señales
    a la lluvia
mas luego siento las
    primeras gotas
que caen sobre el campo
¡Que me moje esta agua!
me oigo decir, bailando
    entre las flores
Al despertar me elevaré
    emocionado
sosteniéndome en el aroma
    de una lavanda.

FEYTI LEWFV ZUGULU, PEWMALU

Lvgkvlechi ñochi witrunko
amuley ti Kallfvlechi
Fvtra Lafkentu mu
Pichi vñvm reke zugunerpuy
ñi pu kura ka ñi pu inaltu lil
We akuchi rimv
nagvm elwvpay ge mu
Ñi wviwvn piwke pewmatu
    mekey
pichi witrunko
welu ñi ñam pvllv
ñvkvflay ñi mvlepefiñvm.

EL RÍO QUE SUENA, QUE SUEÑA

Las aguas tranquilas
    transparentes
viajan hacia el Azul
del Gran Océano
Como avecillas gorjean
sus piedras, sus laderas
El otoño recién llegado
se deja caer sobre los ojos
Mi corazón sediento sueña
con las aguas del arroyo
pero mi espíritu perdido
no puede callar la angustia
    de su lecho.

FVTRANAWEL

Kamapulen ñi pu chaw mu ka
    ñi pu ñawe mu
kimlan tunte pu ñi wiñoafel
fey mew ñi rakizwam amuley
    feyegvn mew
weñagkvlen, welu kvmelen wilvf
    we Kvyen reke
Ñi ge mu tripai fentren kvlleñu
kallfvwigkul ka vlkantun kvpalei
kamapu mew ñi tukulpan
Iñchiñ taiñ pu che mu mvleymi
    feyti mu
zugulemvn tichi kamapu mapu mew
Lafken Pewmapeyvm, feypimekeenew
ti neyen Kallfvnawel.

GRAN TIGRE NAHUELBUTA

Me encuentro lejos de mis
	padres y de mis hijas
y no sé aún cuando volveré
por eso mis pensamientos
	hacia ellos van
tristes, pero claros como
	rayos de Luna nueva
De mis ojos ya brotaron
lágrimas abundantes
y cordilleras y cantos vienen
al horizonte de mi memoria
Por nuestra gente estás ahí
hablando en esa tierra lejana
En el lago del Sueño, me
	está diciendo
el resollar del Tigre Azul.

Chem koyla zuguno felchi, piam
Kallfvwenu mew

Qué desengaño, podré decir
al cielo Azul

Kuregen ñi pewma mu
Weza zuguno ñi pewma
Rume koylagey ti pun!
(fvtrache Weytra feypimekey
afchi Kvyen mu)

Soñé que era casado
No ha sido feo mi sueño
¡Qué engañosa es la noche!
(está diciendo Mauricio Weitra
a la Luna menguante).

INI RUME ÑAMVM NOEL CHI LLAFE

Feyti vlkantun che mu rume
    kvmelay, pigeken
Ka fey ti mawizantu ayiwigvn
    ti pu aliwen
ñi kallfv folil mu egvn
ka ñi chagvll negvmi ti kvrvf
chalilerpuy vñvm egu
    ti Pvnon Choyke*
Feyti vlkantun alvkonchi wirarvn
    feyti pu lalu
kiñe pin ti tapvl rimv mew
feyti weñagkvn feyti wecheche
ñi petu zugu ñi kewvn
welu ñami ñi pvllv
Feyti vlkantun, ti vlkantun fey
kiñe pewma feyti afvl chi mapu
tami ge ka iñche ñi ge, vlcha
allkvfe piwke, ka feychi
    vl zugulvn

Pvnon Choyke = Rastro del Avestruz
            (la Cruz del Sur)

LA LLAVE QUE NADIE HA PERDIDO

La poesía no sirve para nada
    me dicen
Y en el bosque los árboles
    se acarician
con sus raíces azules
y agitan sus ramas el aire
saludando con pájaros
    el Rastro del Avestruz
La poesía es el hondo susurro
    de los asesinados
el rumor de hojas en el otoño
la tristeza por el muchacho
que conserva la lengua
pero ha perdido el alma
La poesía, la poesía
es un gesto, un sueño, el paisaje
tus ojos y mis ojos muchacha
oídos corazón, la misma música
Y no digo más, porque nadie

Ka zoy pilayan, ini rume penolu
ti llafe ini rume ñamvn nolu
Ka vlkantun fey ñi vl tañi
    pu Kuyfikeche
pukem antv mu vy lu ka chonglu
feyta chi kisu zwam weñagkvn.

encontrará
la llave que nadie ha perdido
Y poesía es el canto de mis
    Antepasados
el día de invierno que arde
    y apaga
esta melancolía tan personal.

INAFVL PEWMA MEW

Inafvl Pewma mew amulen
welu eymi iñchiw ta pewam
Welu eymi ayiwelan
miñche mapu mu amulean
zipufili wvla ti rayen
    vgvmnietew
Chem koyla zuguno felchi
    piam Kallfvwenu mew
Chem koyla zuguno felchi
    piamnew ti kom pu ko.

EN LAS ORILLAS DE UN SUEÑO

En las orillas de un Sueño viajo
tan sólo para encontrarme contigo
Pero si tú ya no me amas
por debajo de la tierra seguiré
hasta alcanzar las flores
    que me esperan
Qué desengaño, podré decir
    al cielo Azul
Qué desengaño, me dirán
    todas las aguas.

TAMI VY KVYEN TA NIAFUY

Tami kalvl ta chumlen ta pekan
    az feliy, pien
fey amutun antv mew
montulenew re tati trawvlechi
    aliwen
Chumkaw norume ta zuguno
    alu tami
pen zugun mew mvlepuli
ta nome lafken mapu mew
welu tañi weñagkvn ta kiñe
    fvtra wirar kechiley
Irochima weza newen kon reke
Kimlan, pieyu. Iñche we petu
azkintun tañi Kuyfikeche la yem
taiñ lelfvn mew ta 1883
Taiñ chalitun taiñ mogen mu
welu, mvr feypimafuyu:

LA LUNA PUEDE TENER TU NOMBRE

Tu cuerpo es la naturaleza
    me dices
pues el día de la despedida
me salvaron los árboles
    del parque
Tal vez nunca podré hablar
    de tus visiones
al otro lado del oeste
porque mi pena es como
    el ruido terrible
de la bomba de Hiroshima
No sé, te digo. Yo estoy
    aún mirando
a mis Antepasados muertos
sobre nuestros campos
    de 1883
En el homenaje a la vida
sin duda, ambos diríamos

Ñvkvfnarpe
Feyti kiñe gechi Ñvkvf trekan
    mawizantu mew reke

Zumzum nagi feyti fvñfvñmawvn
tvgi ñi nvtram Zugun mew
wenu mew, zoy vyiw
milla ruka mew
wilvfkvleyu, ti Kvyen iñchiw
    nariyu
Kallfv ge chi tralkan mu.

lo mismo: Silencio
El Silencio sagrado como pasos
    sobre el bosque

Atardece y la llovizna
se detiene en mis Palabras
en el cielo, más allá
en la casa de oro
la Luna y yo, brillando, yacemos
en el ojo Azul de una tormenta.

RUME AYIWVN CHEGEAFUN

Rume ayiwvn che geafun, piwvn
Welu chumgechi kay, eymi
   –kamapu– gvmaleymi?

PODRÍA SER INMENSAMENTE FELIZ

Podría ser inmensamente feliz
    me digo
Pero cómo, si tú –lejana– estás
    llorando?

WEÑAGKVN EPE AFCHI
KVYEN TRVRI

Kiñe kelv lelfvn mvley miñche
wenu mu taiñ nag antvpeetew
Feyti weñagkvn afchi Kvyen trvri
alofnieetew fvrfvrmawvn mew
Ti pu pvllv witrankontupeetew
pegelelenew ta tromv
pvllv reke wifkvlelu wenu mew
    Kamapu pu tromv
Pu mawizantu, feyfey pimekeenew
    rupay eymi pvle
ka feyti afpuel zugu tami
pichikonagen chi vl
Pvrvmgen mu, kiñe kiñeke
    wezanmalvy enew
petu ti tromv afkom punpuwvla
Narpatuay ñi pewma mu ti pu
    ayin –piwvn
Welu amuley ñi trekan,
weñagkvlelu am iñche

LA NOSTALGIA ES LA LUNA MENGUANTE

Hay un campo rojo sobre el cielo
    que nos atardece
La nostalgia es la Luna menguante
alumbrada desde la llovizna
Los espíritus que me visitan
    me señalan nubes
como almas trazadas en el cielo
    Nubes lejanas
Las montañas, me están diciendo
    pasaron a tu lado
y en el eco los cantos de tu infancia
De pronto, una a una, comienzan
    a palidecer en mí las nubes
    hasta borrarse
Descenderán de sus sueños
    las amadas –me digo
Pero continúo mi camino
porque siento pena

Kimlu am iñche tami wilufvn
tami ayikan iñche mu
    chogkvlerpuay
Pichiketu llemay.

72

Al comprender que también
el brillo de tu amor a mí
    se irá apagando
Poco a poco.

73

KIZULELU TI WARIA WEZAPEWMAMU KECHILEY

Fitrun mu pefiñ ñi amutun ñochi
    zugun wariarvpv
gvnezwam falkvlekelay ti
    trukvrelvwvn mu
Welu tripa wezapewma trvri
    ti waria
ka zoy gelay tvfachi pu liwen
tami goyman afetew tami zugun
fey ñi elzugu ñi rakizwam
tukulpakey mu
feyti elzugufe chukaw vñvm
pipeetew ñi wiñotual
Chuman am?, piwvn
re fiskeñ ga eymi
pen lan chi mvpvn?
Mi fenfalvwvn rayen ayikan
rakizwamelenew ta tvgkvlechi
    antv mew

PARECE UN CONTRASUEÑO
LA CIUDAD

En el humo veo irse los susurros
    de las calles lejanas
confundidas en el misterio
    de la neblina
Me parece un contrasueño
    la ciudad
mas, nada hay esta mañana
que pueda hacerme olvidar
    tus palabras
pues mi memoria, al recordarte
es el mal augurio del pájaro
    chukao
que me ha pedido regresar
¿Qué hacer?, me digo
¿eras nada más la sombra
el vuelo perceptible de
    la muerte?
Las flores ficticias de tu amor

Ayvn, ayvn, pilerpun
ayvn, Ayvn, mvley tami
kimneñmaetew tami
     witrunko?

Ininorume, chem rume gelay
     tvfachi Mapu mu
eluatew ta feyentun
Kaykay filu ta fvlvmenew ta
     antv mu
Rume pichiy ta mogen?, pifiñ
Petu konpuy ñi pvllv
ti lvg zeqvñ mew
welu, ay Genechen, feytachi
     fvre Pewma mew
ñi piwke zoy vmi kompualu
     pu tromv mew.

me hicieron pensar en el tiempo
    de la quietud
Ayvn, ayvn, voy gritando
amor, Amor ¿alguien conoce
    tu vertiente?

Nadie, nada hay en esta Tierra
que pueda darme una respuesta
La serpiente Kaykay me acerca
    al sol
¿Es tan breve la vida?, le digo
Entrando va mi espíritu
en la blancura del volcán
pero, ay Genechen
en este Sueño amargo
mi corazón elige perderse
    entre las nubes.

Tami Pewma mu Kallfv Chaw

Desde tus Sueños Padre Azul

Chumpeymi am, anvletuymi
mi Mapu mew
weñagkvleweymi, weupikawetulaymi
Nvtramkayaimi, weupiaymi may
Mvna weñagkvn gewey tami felen
Re Mapu ta anvleweymi
weupi pefuyvm tami
pu Fvchakecheyem
Tranalewey mi Mapu em
Chem piwe laymi rume
Witra pvra tuge weupiuaymi
mi Mapu mew
weñagkvlmi rume ta weupiaymi
mi pu Kuyfikeche reke femtuaymi
chume chi ñi zugu kefel egvn
(pipiyeenew ta fvcha Julian Weytra).

Qué estas haciendo, sentado en tu Tierra,
entristecido, sin parlamentar
Conversa pues, parlamenta
Qué tristeza verte así
Estás sentado en la pampa solamente
donde parlamentaban tus Mayores
Sin movimiento yace tu Tierra
Nada dices
Ponte de pie, parlamenta en tu Tierra
aunque sientas tristeza, parlamenta
como lo hacían tus Antepasados
como hablaban ellos
(me está diciendo el anciano Julián Weitra).

MAWIZANTU ÑI ÑVKVF NAGVN

Ñi chaw inchiw wvnmakeyu
    nvtramkan mew
pvtokonefiyu ti pullvko weñagkvn
    ka pewmagen trvrvm pelu
Mvley che ñi noytual feyti rimv
nome lafken Mapu mew
    tuwlu?, pienew
feyti pu lewfv pichikonwey
witrunkvle chi kimvn
ka wiñvm tuygvn ti nvkvfkvlechi
    mawizantu
Iñchiñ rakizwamiyiñ taiñ
    fotvm mu, peñi ka feyti
    kamollfvñmapu mew
Newentun zuguyu, welu ti pu gvrv
wirarkvlen katrv rupay taiñ
    lelfvn mew

Ñi chaw inchiw, fvchalewiyu
fewla azkintuwi ta ragi kvlleñu mu.

EL SILENCIO DE LOS BOSQUES

Mi padre y yo solemos charlar
    hasta la madrugada
bebiendo del vino de la pena
    y la esperanza
¿Alguien puede evitar el otoño
    del oeste?, me dice
los ríos van perdiendo su
    profundidad
el caudal de la sabiduría
y comienzan a añorar el silencio
    de sus bosques
Nosotros pensamos en el hijo
el hermano, aún en el exilio
Hablamos de luchar, mientras
    los zorros
cruzan gritando nuestros campos

Mi padre y yo, envejecidos
ahora nos miramos entre lágrimas.

TAMI TREMOAM TA KVPAN, PIENEW TI FOYE

Tami tremoam ta kvpan, pienew
    ti Foye
Kvpage ka gvmituge ñi tapvl, ñi
fvn pipiyeenew
Wallkapvle kvpay mi kvmeke zomo
    Machi ñi kvmeke wentru Machi
meli trokiñ Mapu mew
meli trokiñ ko mew
gillanzuguayu, pipiyeenew ñi
    pu newen
mi pu fvw kechi kalvl mew, mi
    pu foro mew, mi mollfvñ mew
Kam rupa elimi am taiñ pu che?
Pvraman tañi llellipun, pifiñ
Ay, ñi pu rakizwam wvzaygu
    ñi lewfvmu ñi piwke:

Feyta nomekintun chi Elvgkura,
    iñche mu, pimi

PARA SANARTE VINE, ME HABLÓ EL CANELO

Para sanarte vine, me habló
    el Árbol sagrado
Vé y recoge mis hojas, mis
semillas, me está diciendo
De todas partes vinieron
    tus buenas Machi
    mis buenos Machi
desde las cuatro Tierras,
desde las cuatro aguas
mediaremos, me están diciendo
    sus poderes
en tus nervios, en tus huesos
    en tus venas
¿O deseas acaso abandonar
    a nuestra gente?
Elevaré mis rogativas, le digo
Ay, mis pensamientos se apartaron
    de los apacibles ríos
    de mi corazón:

Oo! Genechen, kvpatulen tami
kochv kvrvf, tami newen,
    tami neyen
Feyta ta vlkantu fegeay, pimi
wvlmeketew Kallfvkawell zugun
Wenu Mapu mu kvtu puway ñi
    Pewma mu tati
kalvl zugulefi tati pu kayñe
    ñi werken
Zuguli ta allkvanew ñi kimvn
anvmka lawen mew ka pu rayen mu
    Femgechi feypimi
Iñche rupa goymafun ñi pu
    Fvchakecheyem ñi gvlam
fey mu fewla kutrankvlen
Ñi rakizwam wvza tripaygvn ñi
    Lewfvlen Piwke mu

Azkintuen, petu pewman fey mu
petu pvran tami tapvl mew
Feyti puliwen KallfvTtraytrayko
gvforvmapaenew ñi mvllfvwvn
    ñi ko mew
Pvran, pvrayu, welu tvgvm enew

Piedra Transparente será éste
     por mí, dijiste
Oo! Genechen, envíame tu aliento
     tu resollar de aire poderoso
Éste va a ser cantor, dijiste
entregándome el caballo Azul
     de la palabra
Hasta la Tierra de Arriba llegará
     en sus Sueños
confundiendo al mensajero de
     sus enemigos
Me oirá cuando hable desde
     la savia de las plantas
     y de las flores. Así dijiste
Mas yo quise olvidar el consejo
     de las Ancianas
     y de los Ancianos
por eso estoy enfermo ahora
Mis pensamientos se alejaron
     de los apacibles Ríos
     de tu Corazón

Mírame, estoy soñando que he
     subido por tus hojas

challwa ñi ñochi zugun
Feyka trekan ti nvmvn tripachi
    mawizantu mu
Ka rumen mu purun. Kisu mu
    pvltrvley ñi newen
Kvmeke Pelontun ka kvmeke Pewma
    tuway manieyu
Gvman may fey mu, gvman
    rofvlnienew ñi Foye ñi pvllv.

La Cascada Azul de la mañana
     vino a mojar mis labios
     con sus aguas
Subí, subí con ellas, pero
     me sujetó el murmullo
     de los peces
Caminé luego sobre el aroma
     de los bosques
Después bailé. En él estaba
     colgado mi poder
Las buenas Visiones y los buenos
     Sueños lo rodeaban
Lloré entonces, lloré, abrazado
     por el espíritu de mi Canelo.

ES OTRO EL INVIERNO QUE EN MIS
OJOS LLORA

el agua

Es azul el cielo Azul aún Azul
y en él estoy
en su vuelo de Luna
Es el viento del Este que ensueña
y me sume
en la solemnidad tremenda
de la tarde
Susurro ¡oo! ¡y, desde el verdor
Genechen me dice
EN SEMICÍRCULO OYE EL HABLAR

Kake

DE MIS HIJOS MAYORES

pukem mew
gvmalen

A orillas del fogón
(en su memoria)

Kallfvzugun Wenu Mapu

el espíritu

los abuelos mueven los tristes

feypienew:

labios del invierno

RAGIÑ WALLPA

y nos recuerdan a nuestros

AZKINTUNEAIN

muertos y desaparecidos

TRIPAPEYVM ANTV

y nos enseñan a entender

ALLKVTUAYMVN

el lenguaje de los pájaros

TAÑI NVTRAM

Nos dicen: Todos somos hijos

TAÑI
NVWIN

de la misma Tierra

PU CHE

de la misma Agua

ES OTRO EL INVIERNO QUE EN MIS OJOS LLORA

Es azul el cielo Azul aún Azul
    y en él estoy
en su vuelo de Luna
Es el viento del Este que ensueña
    y me sume
en la solemnidad tremenda
    de la tarde
Susurro ¡oo! y, desde el verdor
Genechen me dice
EN SEMICÍRCULO OYE EL HABLAR
DE MIS HIJOS MAYORES
A orillas del fogón
    (en su memoria)
los abuelos mueven los tristes
    labios del invierno
y nos recuerdan a nuestros
    muertos y desaparecidos
y nos enseñan a entender
el lenguaje de los pájaros
Nos dicen: Todos somos hijos
    de la misma Tierra
    de la misma Agua

Cuerpo y alma el lecho
que cada vez se torna más profundo
y por el que otros pasarán
cuando nosotros en el mar
hayamos subido en la balsa
de la muerte

ñi Pvllv

Llueve, afuera seguramente llueve
pero es otro el invierno que
en mis ojos llora
Hacia los días venideros vuelvo
entonces la mirada
Veo a mis hijas, a mis hijos
que abrazarme vienen
Y es el otoño o el primer día
de octubre
mi madre que me dice: Despierta
hijo, despierta
eres el viejo el niño que escribe
su primer poema
bajo el primer ciruelo plantado
por tu padre.

ñi ko

Cuerpo y alma el lecho
que cada vez se torna más profundo
y por el que otros pasarán
cuando nosotros en el mar
hayamos subido en la balsa
        de la muerte

Llueve, afuera seguramente llueve
pero es otro el inviero que
        en mis ojos llora
Hacia los días venideros vuelvo
        entonces la mirada
Veo a mis hijas, a mis hijos
que abrazarme vienen
Y es el otoño o el primer día
        de octubre
mi madre que me dice: Despierta
        hijo, despierta
eres el viejo el niño que escribe
        su primer poema
bajo el primer ciruelo plantado
        por tu padre.

FEMGECHI AMULEY ÑI PEWMA ÑI PELON KINTUN

Ti zugun ta Kultrun zugun
    kechiley
fey feypiyeenew ñi pu Kuyfikeche
welu gvnewkvley ñi kizu kimneel
chi kimvn mu egvn
Feymew tami azkan kimvn mew
nvtramkay mu tami pu wenviemu
ka fey weupimeamy pu wigkaemu

*Wente relmu mew pvralen ta
    wifentu yawvlfiñ mapu
meli gen kvrvf ta afkazineenew
Kam tromv mu chi kewan
taiñ kayñe iñchiñ chi –pilerpuy
    ñi rakizwam
kam kiñe antv mollfvñ ta
kolotualu trokiwvn
tañi pu Che ñi rvpv.

ASÍ TRANSCURREN MIS SUEÑOS
MIS VISIONES

Las palabras son como el sonido
    del Kultrun
me están diciendo mis Antepasados
pues se sujetan en el misterio
    de la sabiduría
Por eso con tu lenguaje florido
conversarás con los amigos
e irás a parlamentar con los winka

Montado sobre un arcoiris viajo
    por el mundo
los cuatro dueños del viento
    me acompañan
Tal vez en las nubes deba combatir
    contra nuestros enemigos
    –voy pensando
tal vez un día con sangre pintaré
los caminos de mi Pueblo.

TAMI PEWMA MU KALLFV CHAW

feyti chi choyvchi ulmo ina
    kallfvwigkul
feyti fvtra Wenu Lewfv mew
akuy, Kallfv Chaw, tami ayin
    kochv zugu
Wikeñi, vlkantukey ñi piwke
    mvpvlen rupakey
genokintukey wellilechi ge
    pukem mu
Vlkantun ka wikeñvn iñche kay
kiñe vñvm pvralelu wenu
Ayiwvn chi Aliwen mu
Fey feypin ayiwkvlen konvn
Tañi pvllv pewmantumekey
    tami Pewv ruka.

DESDE TUS SUEÑOS PADRE AZUL

desde los ulmos que brotan
    en la cordillera
del gran Río del Cielo
me llegó, Padre Azul, la miel
    de tu ternura
Silba, canta, mi corazón
    pasa volando
en los ojos ya vacíos
    del invierno
Canto y silbo yo también
como un ave posado
sobre el Árbol del Contento
Y luego anuncio y entro jubiloso
Mi espíritu soñándose
en la casa de tu Primavera.

Inaltu kvtral mew, pvramken tañi
Kallfv pvllv

A orillas del fogón, levanto mi
espíritu Azul

Upa ñumkuantv trvr fun,
konafun ta we ruka mew
Antvmañawa gefuli,
konafun ta miñche Mapu mew
femgechi anvpuafun pu we ruka mew
(feyti pu Puel Mapu lelu chi tromv
femgechi pipigey ta Paynemal Weytra)

Quisiera ser como águila del sol
me entraría en la casa nueva
Si tuviera el sol como gorra
me entraría por debajo de la Tierra
y me sentaría dentro de la casa nueva.
(con las nubes, hacia el Oriente
así está hablando Painemal Weitra).

NVTRAMKALEYIÑ TAIÑ PU WENU MAPUCHE

Tretrogkvlen awvlerpun
pu kulliñ ñi neyen yewkvlerpun
genoafelvwvn mew elufeyu
Wiraf, wirafgen, Pewmantulen amun
Wenu Mapu rvpv mew
Wallke pvle chalipaenew ti
    pu wagvlen
Oo! Fvchakecheyem
Vlchakezomo ka Wechekeche
    mvlelu Wenu Mapu
mi Kallfv mu ayvwvy ñi mollfvñ.

HABLANDO CON LA GENTE
DE LA TIERRA DE ARRIBA

Cabalgo en círculo, llevado
por el aliento de los animales
que te ofrecí en sacrificio
Galopo, galopo, Soñando voy
por los caminos del cielo
De todos lados vienen
    a saludarme las estrellas
Oo!, Anciana, Anciano
Doncella y Joven de la Tierra
    de Arriba
en vuestro Azul se regocija
    mi sangre.

KIÑEKE PEWMA

Petu amkvy ti mogen ñi Pewma
azkintufimvn wenu, kiñeke Wenu
Mapu mew, ñi wilvfvn
Nag mapu, kamapu mew,
awkantumekey ti relmu zumiñ egu
petu ñi piwke vlkantumekey wente
    kura mu kimvwkvlelay
Feyta anta ti lan, ti
    Kallfv Pewma?
ramtunfiñ ñi pu peñi Kallfv
    mapu mvlelu.

ALGUNOS SUEÑOS

Se van secando los Sueños
    de la vida
mírenlos arriba, algunos
en el cielo, cómo brillan
Abajo, lejano, el arcoiris juega
    con la oscuridad
mientras sobre las rocas canta
    mi corazón confundido
¿Es este el morir, el Sueño Azul?
pregunto a mis hermanos
    de la Región Celeste.

ÑI KISU ZWAM PVLLV
PEWELAAYU PIENEW

Mogen ta pichiy, pigen. Pvtokoyu
ka yiafiyu ti Mapulkvlechi
    fvnkun aliwen
fey wvla puruayu, wiñotuluam
    iñchiw
vñvm reke mvna yewmewiyu
Feypin, petu ñi amunon, vnatuan
kiñe zomo ñi piwke
(ñi pu Kuyfikecheyem reke
    ñi femvn)
ka wallkepvle miyawvlan tañi az
tapvl ka rayen egu munulneafiñ
Pvrow pe piafin ta filu
tañi zuguatew wigkul ñi
    Pewma egvn

*Feyti Nag Mapu mu
pvraley ta pu weraw
Fey amuan, mvleay chi am ñi

MI ALMA SOLITARIA
DICE ADIÓS

La vida es breve, me dicen
    Bebamos
y comamos los frutos de la Tierra
bailemos, ahora que nos hemos
    vuelto livianos
    como pájaros
Digo, antes de irme, besaré
    el corazón de una mujer
(como lo hicieron mis Antepasados)
y por todas partes andaré
con mi rostro cubierto de hojas
    y de flores
Que se trencen pediré a
    las serpientes
para que los cerros me hablen
    de sus Sueños

Desde la Tierra de Abajo

kvme tukulpageam iñche?
Allkvtun ñi pu lawen ñi
    gvman tañi amun mew
ka ñi kisu lewechi pvllv, tunten
muno amutuan pialu
ñam naqnlu lafken mapu mew.

ya se desprenden los guairaos
Adiós, me voy, ¿habrá por mí
    buenos recuerdos?
Escucho a mis remedios llorando
    mi partida
y mi alma solitaria dirá, muy
    pronto, adiós
hundiéndose en poniente.

ANTV ÑI PEWMA MEW

Tvfachi rayen mu nvaymi pelon
    pienew
Pichi vñvm treka yawigvn ta wenu
wvñelfe gvtrvm kvyawvligvn tañi
    vl mu egvn
Negvm negvmgey ti pu challwa fey
    ti lvgko mew
ka ñi nvmvn, ñi kvmen, elvwkvley
miñche trvlke ayvnielchi fvn mew
Nvtramkay mu ta anvmka ka kuraemu
Pewmay mi fey mi piwke negvmi
welukay tami ayiwkvlen
    pvllv pvray
zoy wenu purawenu mew

Tukulpakey mi ta Mankian ñi
pvllv ta nampiyawi
konchi antv ñi fvtrakura?
Fill puliwen nvtramkalaymi may ta
    la zugun:
Mvpvge!, ayiwvnchi wirarge.

EN EL SUEÑO DEL SOL

En una flor tocas la luz, me dice
Los pajarillos caminan en el aire
llamando el alba con sus cantos
Se agitan los peces en el agua
    cristalina
y el aroma abraza al sabor
    que habita
debajo de la piel de los frutos
    que amas
Conversas con las plantas
    y con las piedras
Sueñas y tu corazón se agita
mientras su espíritu maravillado
sube hasta lo más alto del Mundo

¿Recuerdas que el alma
    de la angustia
vaga en los acantilados
    del anochecer?
Cada mañana entonces no hables
    de la muerte:
¡Vuela!, da un grito de alegría.

WENU MAPU TAÑI PIEL

Tripay lafken kvrvf
Mawvnay mawvnay wirari ñi foro
tukukan kay kutran
    kvlelu kechiley
apolkey rakizwam mew wampo
tromv reke ta penoykey
wenu ko mew
Tripay lafken kvrvf
ka wayzvfyey ti pu wampo
    wente Llayma mew
Mawvnay, may, feypi ti nvmvn
nvrvflu tañi wvlgiñ
    mawizantu mew
Ka alof Wenu Mapu pefiñ
nvlalu ñi kallfv witrunko
ka witra pvrayey ti logko ketran
wikeñigvn, allkvfiñ, ayvwkvleygvn!

SEÑALES EN LA TIERRA DE ARRIBA

Salió el viento del mar
Lloverá lloverá gritan mis huesos
y los sembrados que parecen
	enfermos
cargan de ensueños los botes
que como nubes navegan
en el agua del cielo
Salió el viento del mar
y se han volcado los botes
	sobre el Llaima
Lloverá, sí, dice el aroma
cerrando sus puertas en el bosque
Y veo la luz del cielo
que abre sus vertientes azules
y las espigas levantan
	sus cabezas
silban, las oigo, ¡¡jubilosas!

Kallfv, Kallfv –piwvn

Azul, Azul –me digo

Chem chi ga ruparkei
ñi senchuye mew
Ragipun ga ka epe wvn mew
Pvllomeñ vrke chi
rupai ga senchu mew?
Alwe geturkean chi?
Lanuafuluem ta iñche
Zvguyepeyel ga iñche?
(wallke pvle ramtun tulerpuy ta
Mashal Tripaiantv)

Qué es lo que pasó
por encima de mi cabeza
A medianoche y en la madrugada
¿Habrá sido una mosca zumbadora
que me pasó por encima?
¿Moriré tal vez?
¿No habría de morir
hablándose tanto de mí?
(por todas partes va preguntando
Mashal Tripaiantv).

CHEM KAW NORUME GEWELAYAN TVFACHI MAPU MEW

Chem kaw norume gewelayan
   tvfachi Mapu mew, piwvn
Ñi kvrvf mew, re nvtramkaleygu
   Kvyen egu
Ñi ko mu kiñe rayen:
Ñi zuguy ñi tukulpan mew.

NADA DE MÍ QUEDARÁ
EN ESTA TIERRA

Nada de mí quedará en esta
    Tierra, me digo
En su aire, sólo mis
    conversaciones con la Luna
En sus aguas una flor:
La levedad de la memoria.

FEYTI WEÑAGKVN WVZAN VL

Tvgi ti malowvn, zeqvñ ñi newen
zew gimituy taiñ llellipun
ka ti pu wagvlen rupay
ñi gvmañpey Mapu mu egvn
Kiñe Kallfv rayen, feypieyiñ mu
feyti Trayen ñi Pelontun tati
Vlkantuy ñi llawfeñ ñi inal mu
feyti ti weñagkvn wvzan:
Amutuan ñuke; amutuan chacha
Pu peñi, pu lamgen: Ka kvpali,
    pewayiñ.

EL CANTO TRISTE DE LA SEPARACIÓN

Ha cesado la batalla
los poderes del volcán
ya recogieron nuestros ruegos
y las estrellas dejan de llorar
    su paso por la Tierra
Una flor Azul, nos dicen,
es la Visión de la Cascada
Ya canta mi sombra en sus orillas
el triste canto de la separación:
Me voy mamá; me voy papá
Hermanos, hermanas: Si vengo otra vez
    nos veremos.

KO ÑI NEWEN YENEENEW

Zewma fvchan iñche aliwen
        rayilelu mu
azkintulen fiñ ti afpun mapu
Tunten kvrvf mew miyawken?
        kimlam
Nome lafken mew petu konchi
        antv mew
werkvlenew zewma ñi Kallfv Kvyen
amuan ka ñi llowmeafiel
        pu Fvchakecheyem
Kallfv, kallfvley tati mapu
        chew yiñ amuan
Ko ñi newen ñochikechi yeneenew
Wenu Lewfv kiñe pichi troykeley
mvten tuwaykvlelu kom
        afpun Mapu mew

Tvfachi Pewma mew mvlewean:
Remumvn pu remukelu! Ñvkvfkvlen
        amutuan
lakenochi vlkantun mogen mew.

LOS PODERES DEL AGUA ME LLEVAN

Viejo estoy y desde un árbol
    en flor miro el horizonte
¿Cuántos aires anduve?, no lo sé
Desde el otro lado del mar el sol
    que se entra
me envía ya sus mensajeras
y a encontrarme iré con
    mis abuelos
Azul es el lugar adonde vamos
Los poderes del agua me llevan
    paso a paso
El Río del Cielo es apenas
    un pequeño círculo
en el universo

En este Sueño me quedo:
¡Remen remeros! En Silencio
    me voy
en el canto invisible de la vida.

LLELLIPUN WENU MAPU ÑI KURANTUMALAL MEW
(Machivl ñi vlkantun)

Tvfa tayiñ kemvl gillatupeyem,
pikey ta pu Machi
May, eymvn ta kimnieymvn:
Pu Logko, Fvchakeche ka pu
Wechekeche Wenu Mapu mvlelu
Mvleymvn wvnmalechi zeqvñ mew
ka kuyfike Machi allkvtulelu
    tayiñ llellipun
Tvfa tañi mvlen kutrankvlechi
    wentru: neyeley
Kisu tranakvnukifilmvn
kvpalelfiyiñ ta fewla
    tayiñ lawen
ka, taiñ metawe mew, kvpalelfiyiñ
    liwen lvgko
Kvpage!, tayiñ pvllv mew
nieyiñ ta mogen wayzvf pvle

RUEGO EN LAS PAREDES ROCOSAS DEL CIELO

(Poema a la manera del canto de las Machi)

Estas son las palabras rituales
    dicen las Machi
Sí, ustedes ya las conocen:
Jefes, Ancianos y Jóvenes
    de la Tierra de Arriba
Ustedes, habitantes del volcán
    amaneciendo
y Machi antiguos que oyen
    nuestros ruegos
Aquí está el hombre enfermo:
    respira
No lo dejen solo ahora
    que le hemos traído
    hierbas medicinales
y, en nuestros cántaros, el agua
    cristalina del alba
¡Ven! Tenemos en nuestras almas

witrukechi lewfv ñi ko
Pvtokoge. Welu ay Genechen
eymi mvten ta fvskvmafimi
Fey mu ka eymi ta zuguwkeyiñ
    weza kvrvf
Chem weza fvtra vgpun
    ka zumiñkvleymi
epe konchi antv mew
    ta miyawkeymi?
Eymi ta zuguwkeyiñ vypvratuchi
    kvtral
koylatukelu ka ellka narvmpelu
    kizu ñi age
Ya!, amutuge ka wetrofige tati
    rvgi wvlelvñ ma mu pefiel
    taiñ fotvm:
Ponon mew, ñi amupeyem ñi mollfvñ
    feychi piwke
Wekvfv ñi lloftuniel zewma
gvrv reke, chem weza weraw
mvpvlechi logko reke,
    rayvlechi qvla
reke kimelpelu ñi mvleal
wezakezugu

la vida de los ríos que suben
para el Oriente
Bebe. Pero ay Genechen
sólo tú harás que ella refresque
Por eso también a ti te hablamos
    viento maligno
¿Qué bostezo tan profundamente
    ladino y oscuro eres
que vagas en el crepúsculo
    del día?
A ti te hablamos fuego resucitado
que mientes y escondes
    tu verdadero rostro
¡Ya!, ándate y quiebra la vara
con que golpeas a nuestro hijo:
En los pulmones, en la sangre
    el corazón
Fuerza maligna que acechas
    en visión engañosa
como un zorro más, como cualquier
    guairao, como cabezas volando
como quilas floridas que
    nos anuncian las penas
En la fragancia de nuestros

Ñi kvme nvmvn lawen mew amutuge
feypikey ta pu Machi, eymi weza
pewma reke mvlekeymi zewma
konvn antv mew
nelvmge!, kiñepvle kvnuwge mi pun
leliwvlfige Kallfvley liwen
     ñi ayliñ
Eymi kay, witrage fotvm
Llellipun pipigey Wenu Mapu
     ñi kurantumalal mew
ka nepeyey pu kona ka kvpaygvn
ka zew kvpaygvn
Oo! wilvfi pichike chalwa reke
kvpalu Wenu Mapu
zewma kvpayey ta liwkvn fvtrake
     manke antv.

remedios ándate, dicen las Machi
tú que como un mal sueño estás
    en el anochecer
¡suelta!, quita tu oscuridad
mira que Azul es la luz
    de la mañana
Y tú, levántate hijo
Se repiten los ruegos
en las paredes rocosas del cielo
y los guerreros despiertan
y vienen, ya vienen
¡Oo!, como pececillos brillando
desde la Tierra de Arriba
ya vienen, los transparentes
    y altos cóndores
    del sol.

CAMINATA EN EL BOSQUE

*Ebrio de Azul voy
entre el follaje
de la taberna sagrada.*

Amulen ñi golliñgen Kallfvlelu mew
ragi pu row
gollipeyem gillatuwe mew.